LE PLUS

CABA

DU MO

GRAND

ARET

ONDE

ENTRÉE INTERDITE AUX STARS
AUTORISÉE SEULEMENT AUX

ARTISTES

Le 26 décembre 1998, « Le plus grand cabaret du monde » devait être une émission sans suite. Pour une fois seulement, France 2 m'avait autorisé à présenter quelques-uns des plus beaux numéros visuels du monde.

Le 31 décembre 2008, c'est la centième d'un voyage féérique. Plus de mille numéros ont été offerts à des millions de téléspectateurs et ce bien plus loin que la métropole par l'intermédiaire de TV5.

Au-delà du spectacle unique au monde, c'est une formidable aventure humaine. J'ai souhaité réunir dans cet ouvrage les plus belles photos, que j'ai, moi, à tout jamais gravées dans ma mémoire. Des instants figés, des souplesses, des envols, des forces, des sensibilités à fleur de corps ; des mélanges, des audaces et surtout la divine poésie qui enrobe chaque image arrêtée. Magie des élans immobilisés, des regards, des sueurs, des peurs, des joies. Au fil des pages se déroulera devant vos yeux le film du rêve universel : celui de l'enfant que chacun de nous est resté.

J'ai choisi d'agrémenter les images, non pas d'anecdotes, de détails pratiques, de chronologie, mais plutôt de mots jetés en vrac, de poèmes déstructurés, de sensations rimées au pas. Les mots de mon cœur, de mon âme, de tout ce que j'ai pu ressentir pendant ces dix ans de voyage au pays des illusions. Avec parmi elles, l'illusion suprême ; celle de croire que le monde devrait être ça : magique, beau, créatif, heureux, fort et doux, coloré et métissé. Le monde parfait n'existe pas, soit ! Alors inventons-le !

Et merci à tous ceux et celles qui ont mis leur cœur et leur talent à mettre en scène cette « piste aux étoiles » nouvelle. L'ancienne avait peint en bleu ciel mes rêves d'enfant, j'espère embellir encore longtemps le sommeil des enfants d'aujourd'hui.

Une femme
Moulée
Dans du tissu.
Illusion
De cire.
Bougie blanche.
Cierge.
Vierge ?
Et Dieu
Créa
La flamme.

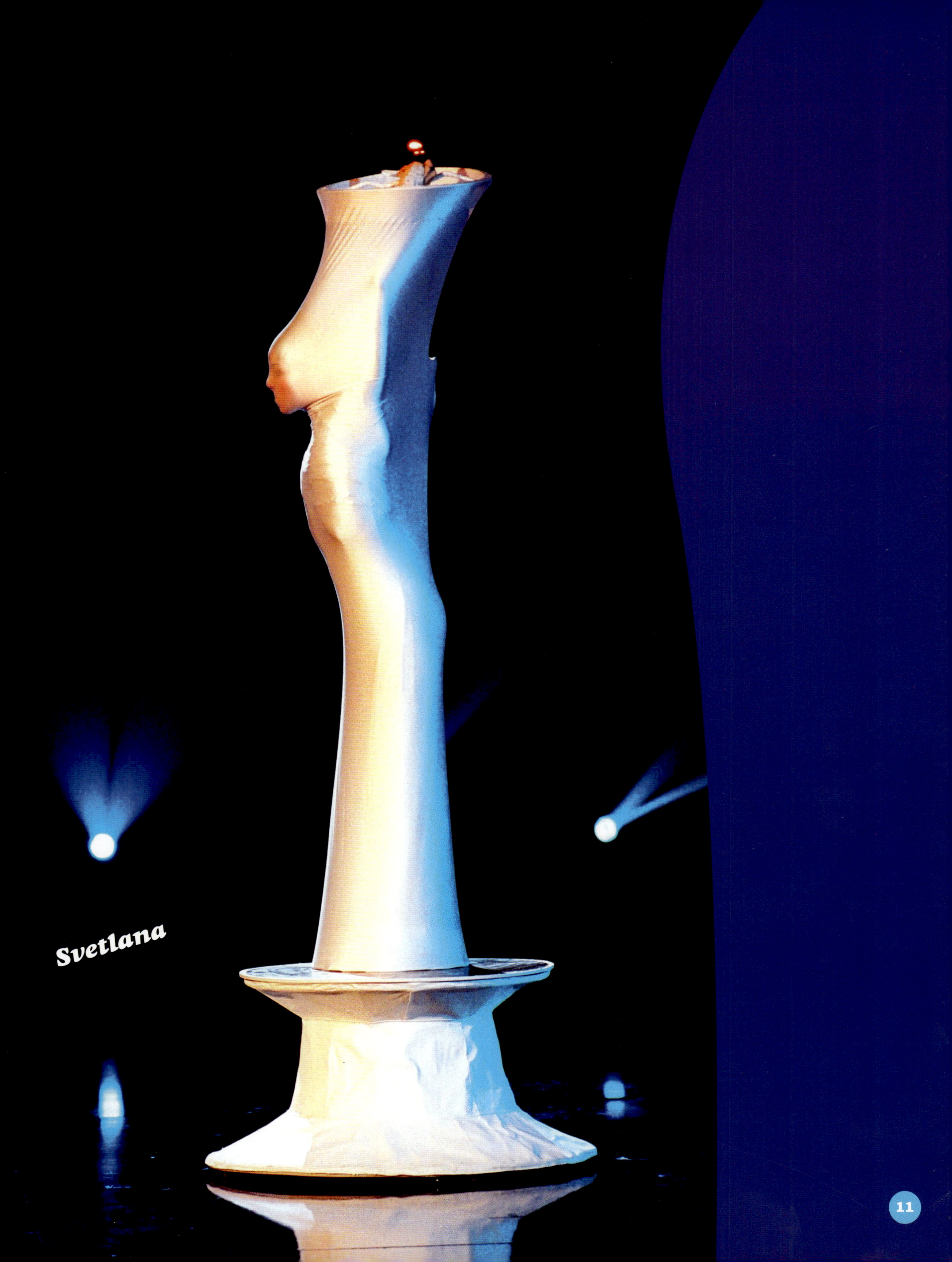

Svetlana

Nestor
Hato

Feu d'artifice.
L'homme et le feu.
Celui qui est en lui.
Sacré.
Des années de travail pour faire jaillir
De lui
L'illusion
L'explosion
Pour rêver seulement
Sans victime, sans larmes.
Pluie de braises.
Pour rêver.
Seulement
RÊVER.

Les Étoiles du Cirque de Pékin
Cirque Phénix

Etrange
Un diable peut-être
Ou un ange
Et derrière le masque
Qui ?
A-t-il des enfants, des amours ?
Souffre-t-il ? Aime-t-il ?
Et ce soir dans sa chambre d'hôtel
Le costume de gala roulé dans sa valise
S'endormira-t-il en pensant
À nous ?
Et si nous l'avions fait rêver
Aussi.
« Je suis si heureux
De voir
Paris
Pour la première fois »,
M'a-t-il dit dans une langue
Que je n'ai pas comprise.
Avec un sourire.
Dans une langue
Que j'ai comprise.

Illusion d'optique.
Son buste à lui
Ses jambes à elle.
Ne sommes-nous pas ça ?
Mi-hommes, mi-femmes.
Un équilibre.
Suspendu.
Et puis elle tout en haut.
Une étoile
Et lui
En bas, le regard
Vers elle
Et entre eux
Le cordon.
Illusion d'optique.
Non.
La vie, les amours.
Les hommes, les femmes.
La vie.

Maiorov's

Tout gai dans la lucarne.
Il est ou il incarne ?
Enchanteur, bateleur
Le rire à fleur de cœur.
Est-il vraiment heureux
Ou fait-il de son mieux ?
Le sourire, les paillettes
Les chansons et la fête
Il est resté enfant
C'est ça l'important.

Les Étoiles du Cirque de Moscou
Cirque Phénix

Liazeed

Trilogie
Peut-être le mari devant.
Et derrière c'est l'amant.
Allez savoir ?
À qui va-t-elle s'offrir ?
Qui va la rattraper ?
Elle plane.
Que serait-elle sans eux ?
Que seraient-ils sans elle ?
Alors, heureuse ?

Angorian
Cats

Rukol
et
Volkov

Tuan Le

Vous faites quoi ?
– Je jette en l'air des chapeaux rouges.
Et vous ?
– On fait du patin à roulettes.
– Et à part ça, vous avez un métier ?
Qu'est-ce que ça peut être con
Un adulte qui pose des questions
À des enfants !

Quelle drôle d'idée
De poser une chaise
Sur des bouteilles
Et de s'asseoir dessus.
Quelle drôle d'idée, ça sert à quoi ?
C'était un samedi soir
Après les infos,
La guerre en Irak,
Quelle drôle d'idée
La guerre en Irak, ça sert à quoi ?

La troupe Alexender

Kogut
Brothers

Duo Pospelov

Une œuvre d'art
Sculptée
Grecque, presque
Statue.
Il faudrait un pigeon, un square et le laisser
Là, suspendu.
Imagine les enfants du mercredi :
– C'est quoi maman ?
– Un homme.
– Comme papa ?
– Non… Hélas !

Les Étoiles du Cirque de Pékin
Cirque Phénix

Les Étoiles du Cirque de Pékin
Cirque Phénix

Kama-sutra ?
Non, quand même pas.
Ou alors pour une soirée
D'anniversaire…
Si c'est le cas, le monsieur
Doit être très vieux… environ
soixante… Compte si ça t'amuse.

Alexander Veligosha

Jordi Bertran

Le petit bonhomme en mousse.
C'est lui.
La chanson est venue de là.
Peut-être la seule qui restera
De moi.
Ça ne me déplaît pas.
Il y a pire.
Et pas seulement de moi.

Bien sûr les trois acrobates.
Bien sûr le cylindre vert et blanc.
Mais ne me dis pas que
C'est ce qui te saute aux yeux
En premier.
Je pense la même chose que toi.
Il est beau, magnifique même…
Le veston du monsieur.

Ludmila
Nikolaeva

Les Giurintano

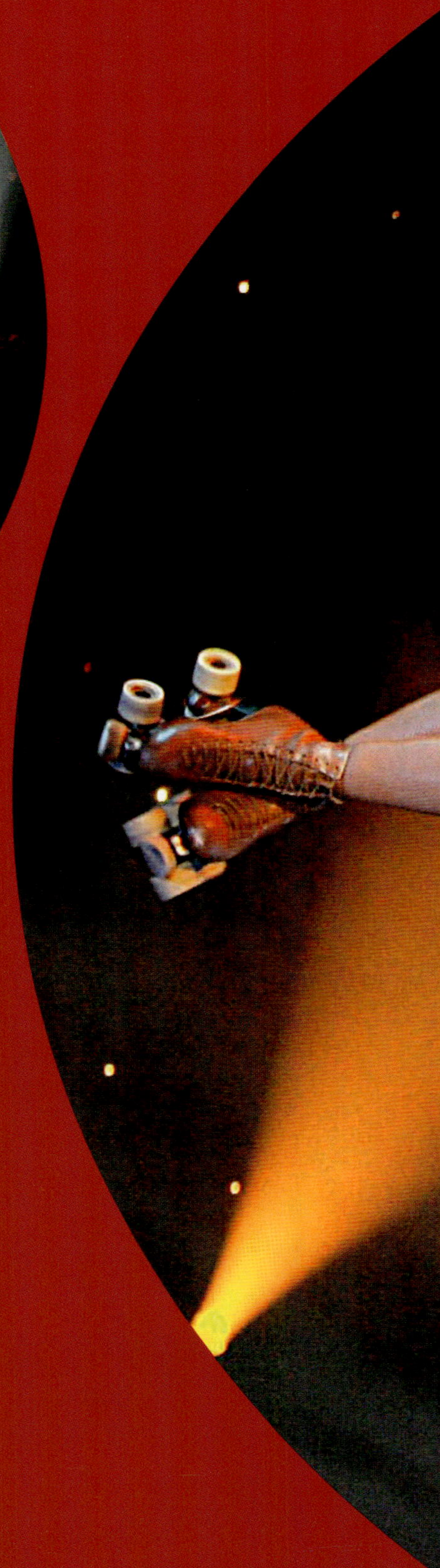

L e Christ peut-être.
Fille de Dieu.
Transpercée de part en part
Par une arme blanche :
La phallocratie
Pardonnez-leur.
Ils ne savent pas ce qu'ils font.

Trio Csaszar

Les plus belles femmes
Que j'ai croisées
Étaient acrobates,
Contorsionnistes.
Certaines de mes invitées aux tables
En ont blêmi de jalousie.
Leurs visages se sont crispés.
Par bonheur, les coutures n'ont pas lâché.

Beau.
Irréel.
Un arc.
Un arbre plié par la tempête
Retourne la photo.
C'est encore plus beau.
Un ange
Qui prend son envol.

Les Étoiles du Cirque de Pékin
Cirque Phénix

Des bancs assemblés sur un homme
Combien ?
Une vingtaine.
À quoi ça sert ?
À rien.
C'est tout l'art du cirque.
Des hommes sur des bancs à l'Assemblée
Combien ?
Une vingtaine
À quoi ça sert ?
À rien, c'est tout l'art du cirque.

Trio Bingo

Ernest Palchykov

Des centaines d'heures
D'entraînement, de musculation, d'assouplissement
Pour arriver au grand écart parfait.
Du travail, des souffrances.
Quand j'applaudis
C'est aussi pour ça.
On me reproche d'être dithyrambique
Si vous saviez comme je me retiens.

Les Étoiles du Cirque de Pékin
Cirque Phénix

Believe in Swing

Imagine que ces deux-là, à gauche,
Vivent ensemble.
Qu'ils se sont disputés avant.
Il peut très bien faire
Exprès de la rater.
Moi, je serais elle, je ne retomberais jamais.
Regarde celui du dessus. Sa femme l'avait rangé
Dans un tiroir. Ça fait deux ans qu'il attend
Qu'elle vienne le déplier… Ce que je peux dire
Comme conneries quand j'ai fumé la moquette !

Alexey
Tchainikov

L'œil.

L'outil le plus important à la construction

De chaque numéro.

L'œil.

Vif, attentif, aiguisé.

La clé de tout.

L'œil.

Ce n'est pas la main du jongleur qui réussit.

C'est l'œil.

Papillon

Chrysalide.
Petit papillon
Grand papillon.
C'est l'amour
Qui naît
Puis grandit
Multicolore.
Géant.
Et l'homme petit devant elle.
Toujours.
C'est l'amour.

Prière :
Mon Dieu faites neiger des anges.
Faites pleuvoir des plumes blanches
Pour couvrir ces enfants endormis.
Les vêtir de beau pour la vie.
Pour qu'ils soient bons et généreux
Qu'ils aiment les autres autant qu'eux.
Pour que notre vieux monde change.
Mon Dieu faites neiger des anges.

Laurent Beretta

Lidia et Leonid Ignatov

Les Étoiles du Cirque de Pékin
Cirque Phénix

Mendiante.
Des bols
Pour l'obole
À votre bon cœur.
Donnez-lui
Des bravos
De quoi vivre
Libre.

Teslenko
Brothers

Imago

Quand je pense
Que je me suis fait un lumbago
En relaçant ma chaussure.
La vie n'est pas juste
Non, vraiment pas.

Gvozdetskaya

Duo
Kwasniok

Charade

Duo
Bogdan

Trio Bellissimo

Pourquoi faire simple
Quand on peut faire compliqué.
Un loft, une piscine.
C'est autre chose, non ?
« Le plus grand cabaret du monde »
Fait beaucoup d'audience aussi.
C'est à vous dégoûter d'être vulgaire.

Uno
Lanka

Ukraine, Allemagne, Chine,
Taïwan, Mexique, États-Unis,
Guinée, Russie, Grande-Bretagne,
Entre autres…
France terre d'asile… T'as raison,
Plus on est de fous…

Die Maiers

Tatiana
et Sergui

La troupe
Anhui

Dani Lary

La partenaire du magicien.
Souvent dans la vie aussi.
Le seul cas où l'homme
Est ravi de voir
Disparaître
Celle qu'il aime.

La partenaire du lanceur de couteaux, souvent dans la vie aussi,
Le seul cas où la femme
Est ravie d'être ratée par celui qu'elle aime.

Franck Marvin

Duo Iouvilov

Mario Luraschi

Mario Luraschi – En osmose parfaite
avec ses montures.
Je parle des équidés, bien entendu.
Il faudra que je pense à lui demander :
Quand ils sont malades, les chevaux
ont-ils une fièvre d'homme ?

Slava et Oxana

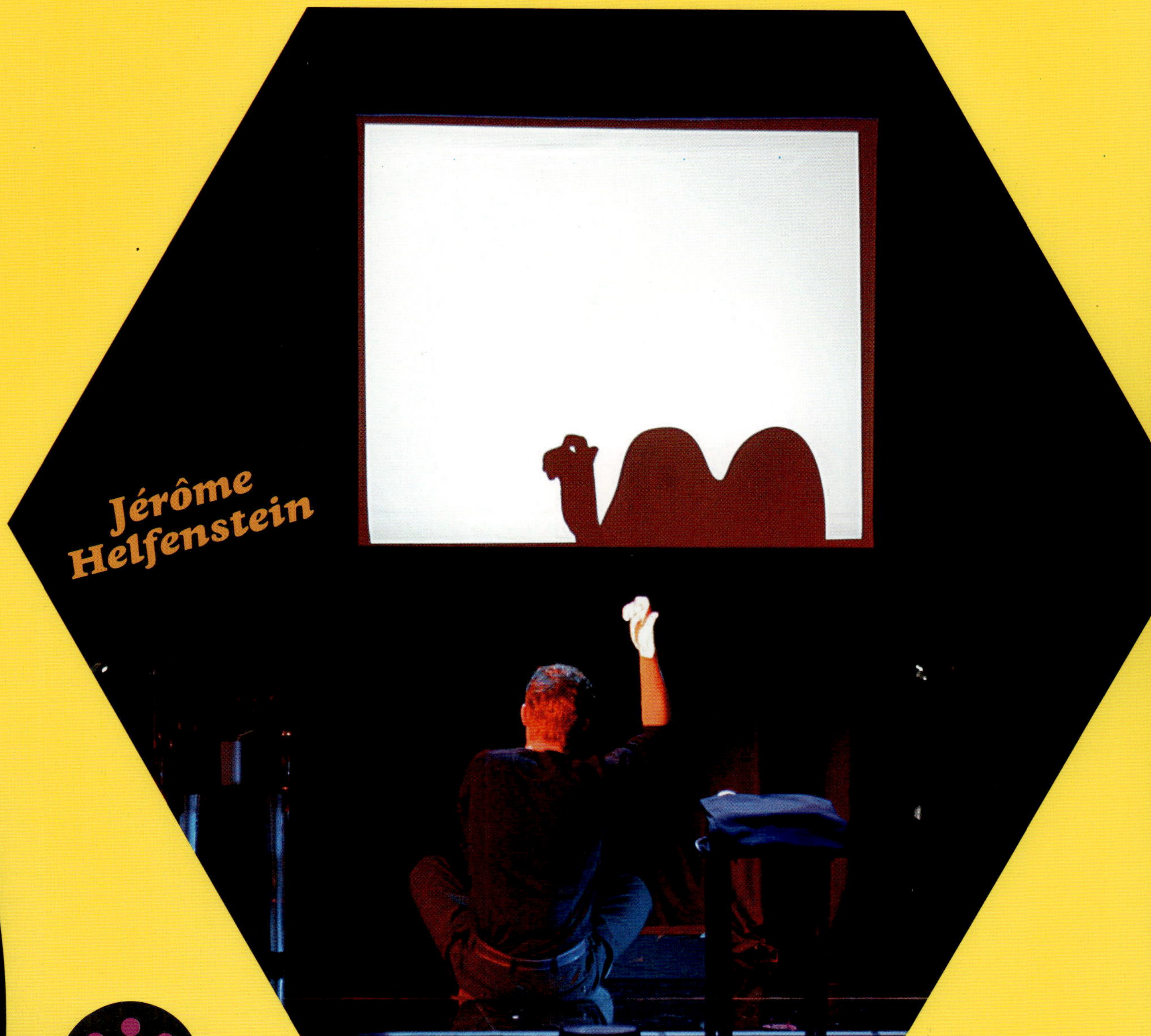

Jérôme Helfenstein

Où vont-ils chercher tout ça ?
Au pays de l'enfance, bien sûr.
Tu te souviens : l'encre sur les doigts,
L'odeur d'amande du pot de colle, les bateaux
En boîte d'allumettes dans le caniveau ; l'assiette
De purée avec le petit volcan… Et le petit
Cirque sur la place du village… C'est ça
Aussi « Le plus grand cabaret du monde ».
C'est ça surtout.

Grynchenko Bros.

Blue Man Group

Jean-Pierre
Blanchard

Voleur d'ombre.
Voleur d'âme.
Génie.
Artiste peintre.
Peintre artiste.
Généreux.
Beau.
Unique.
Jean-Pierre Blanchard.

Oiseaux de nuit.
Chauve-souris.
Show souris.
Vampires. Suspendues.
Au repos. Détendues.
En attendant le jour.
En attendant l'amour ?

Trio Cube Aérien
Geneviève Bérubé
Geneviève Drolet
Julie Lavergne

Atsuko
Koga

Shirley
et Dino

Quatre ans d'amour, de rire
De frisson, de plaisir.
Quatre ans d'enfantillages
D'amitié, de partage.
Une poupée gonflante.
Un macho de bazar.
Une poupée barbante.
Un Italo ringard.
Juste des personnages.
Juste des marionnettes.
Des oiseaux de passage.
Aux ailes de paillettes.
Un cadeau aux enfants.
Juste histoire de leur dire
N'écoutez pas les gens
Il ne faut pas grandir.

Giordano
Bucci

Harem.
Un fantasme peut-être.
Sûrement même.
Ça sentait l'encens.
Les parfums orientaux.
Belles.
Si belles.
Elles sont encore dans ma mémoire.
Parfois
Le soir.

Les Étoiles du Cirque de Pékin
Cirque Phénix

Les Étoiles du Cirque de Pékin
Cirque Phénix

Laura Miller

Et des jeux encore.
D'autres jeux, d'autres corps.
Et des anneaux qui ne les emprisonnent pas.
Libres.
Mariés aux étoiles
Et en regardant mieux
Enceinte d'une rose.

Iryna
Pitzur

Chijov

Kinetic Shiva

Apesanteur
Astronautes
En orbite
Autour
De la planète
Cœur.
Rêve d'Icare.
Voler.
Planer.
Et ne jamais
Retomber.
Ou alors.
En enfance.

Trampo
Brothers

Six degrés
Sur l'échelle de Richter.
J'en tremble
Encore !

Claudia
Daniels

Peres
Brothers

Les
Pellegrini

Fausto Scorpio

Nestor Hato

Les Étoiles
du Cirque
de Pékin
Cirque
Phénix

La photo a figé
La septième balle blanche.
Elle ne tombera plus
Jamais.
Satellite.
Un instant éternel
Comme ce moment de bonheur
Qu'on aimerait
Stopper là.
Satellite.

Franz Lery

Surtout ne regarde qu'une chose :
La magnifique performance
De l'équilibriste sur les
Seaux à champagne.
Et essaie, de tourner la page
Sans que tes yeux ne
Frôlent les deux belles
Derrière moi.
C'est du travail, la volonté !

Romanovsky

Vassili Dementchoukov

Allez, je t'explique le truc.
En fait, c'est vraiment un
Cylindre pointu en acier et
Le type est vraiment transpercé
De part en part.
C'est quoi le truc ?
Un Alka-Seltzer après.

Jan
Rouven

Dani Lary

Donc, je résume,
un mec à quatre bras,
Une femme en blanc,
avec une main qui lui sort
Du ventre, et un robot à un bras ;
c'est bien ça ?
– Oui, monsieur l'agent.
– Veuillez souffler, s'il vous plaît.

Quand j'ai vu ça, je me suis dit « entraîne-toi, Il faut que tu y arrives »… Pendant une heure, J'ai transpiré, forcé… D'abord une Jambe, puis l'autre… impossible… Je ne suis Jamais arrivé à rentrer dans le jean.

Zebras

Long Twins

Inna
Leonova

La dame qui va chercher
Tous ces numéros aux quatre coins de la planète
S'appelle Monique Nakachian.
C'est un numéro de force qui vaut bien
Ceux-là…
La souplesse et la grâce du cœur
Ne se voient pas à l'œil nu…
Contorsionniste, acrobate, magicienne
Elle est la plus grande des petits bouts
De femme que j'ai jamais rencontrée.
Merci, Spassiba, Aligato.

Les gens du cirque me remercient
Chaque jour d'avoir ranimé la flamme…
Je ne les remercierai jamais assez
D'avoir allumé la mienne.

Israelov

Katrina
Engel

Malte
Knapp

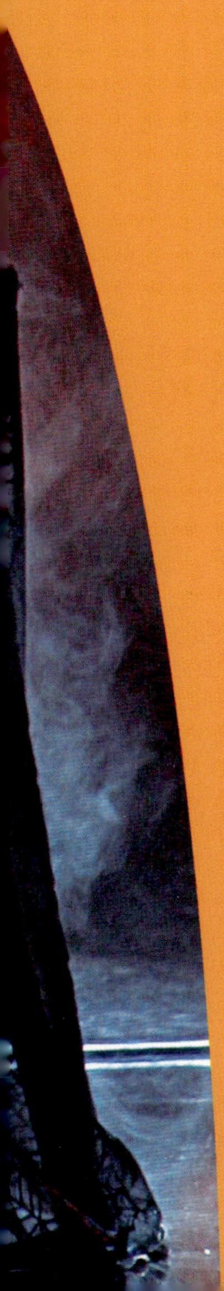

Dans quelques heures.
Seul.
Je serai dans mon lit.
Seul.
Et je fermerai les yeux.
Seul.
Et les confettis tomberont encore.
Seul.
Et j'entendrai les bravos.
Seul.
C'est ainsi que s'endorment
Les « artristes ».

Famille Vintilov

Voronin

Cher Voronin,
Vous êtes en photo dans le livre entre trois acrobates
Blanc, bleu et jaune, et une troupe de barbus
En chapeau blanc. Vous êtes pour moi le plus
Grand clown vivant. Je vous admire passionnément.
Revenez quand vous voulez.
P.S. : la boîte de coca dans le caleçon n'a pas du
Tout fait rire le critique de *Télérama*. La prochaine
Fois, mettez-en deux.

Hannes
Kannes

Zhora Oganesyan

Victor

Ils sont jeunes surtout.
Certains étaient encore enfants
Quand le cabaret a débuté.
Certains sont devenus artistes
Grâce au cabaret.
C'est ma plus grande fierté.

Gyong
Lee

Des partitions,
Comme une volée
De moineaux
Qui s'éparpillent
Affolés.
Une fugue, sans doute.

Michael Szaniel

Hélène
de Vallombreuse

Igor
Zapirov

A gauche Arabeske.
À droite Denise Randol.
C'était dans le tout premier
Numéro du « Plus grand cabaret
Du monde ». Le 26 décembre 1998.
Je ne suis pas superstitieux mais
Quand même. C'est mon émission
La plus populaire avec « Le grand bluff »
Le 26 décembre 1992.

Denise
Randol

Peter Marvey

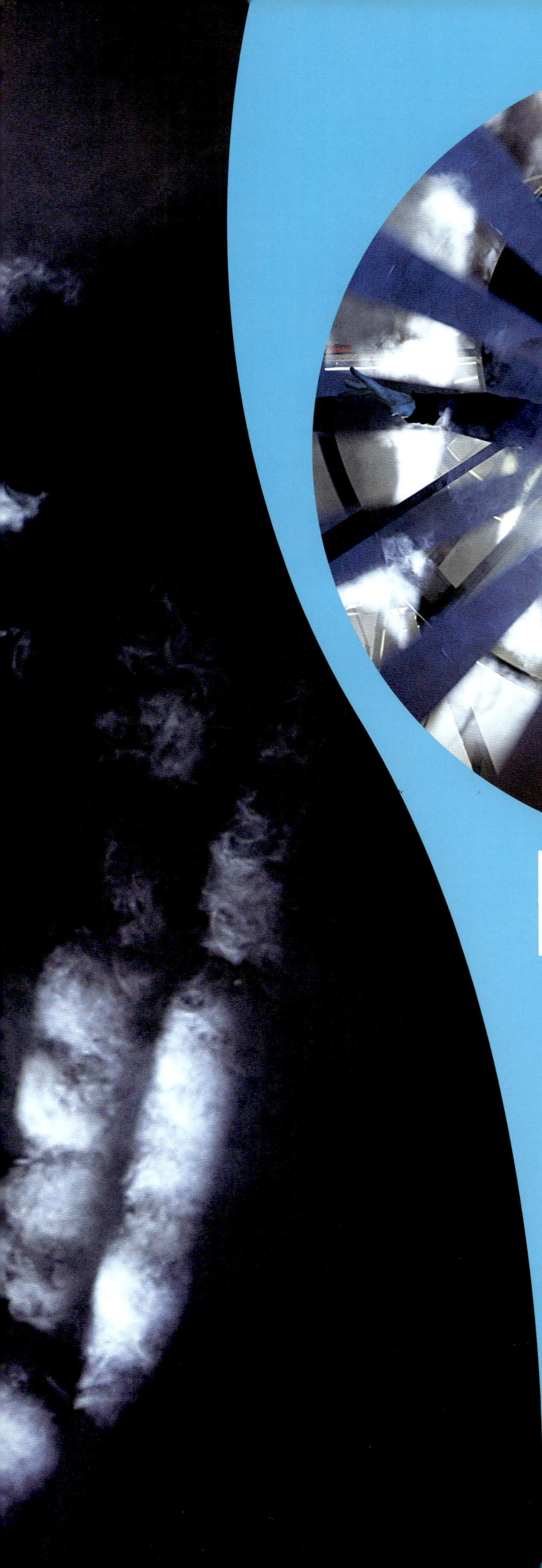

La bisexualité
Dans les brumes de la morale.
On peut l'interpréter comme ça.
On peut y voir aussi une femme
À moitié brûlée dans un incendie
Et la douleur de celui qui reste.
Faut que j'en parle à Delarue.

Les Étoiles du Cirque de Moscou Cirque Phénix

Bon d'accord,
Les tablettes de chocolat.
J'ai les mêmes. Mais
Le chocolat a fondu.
Rassurons-nous.
Ce ne sont pas des bourrelets.
Ce sont des muscles au repos.

Encho
Keryasov

Hacuna Matata

Ma drogue, c'est apporter du bonheur aux autres.
À gauche donc, un arbre à came.
Et puis mon shoot quotidien : l'amitié,
La bonne humeur, les chansons, mes potes.
Le cœur amphet' !

Catana

Les Mikheev's

Dani Lary

Dani Lary a créé plus de cent numéros spécialement
Pour « Le plus grand cabaret du monde »… L'artiste est doué, perfectionniste.
L'homme est droit, généreux. Malgré les
Offres multiples et alléchantes de nos concurrents, il m'est
Resté fidèle.
Je n'ai pas de collaborateurs, je n'ai que des résistants !

Ce qu'on regarde en face.
Ce qu'on ne veut pas voir.
Nous avons tous deux visages.
Un courage.
Une lâcheté.
Une vérité.
Un mensonge.
L'homme monolithe est un monstre.
L'homme multiple est un homme.
Tant mieux !

Jérôme Murat

Les Étoiles du Cirque de Pékin
Cirque Phénix

Les pompiers de Paris

Teslenko Brothers

2007, ma plus belle année.
Au moment où j'enregistrais
« Le plus grand cabaret du monde »
À Bry-sur-Marne.
Lily naissait
À Tahiti.
Lily, notre fille.
Encore plus à nous parce qu'elle n'est pas
De nous.
Cet album sera son premier
Livre d'école.
Elle y apprendra
À ne pas
Grandir.

Kenyan Malachi

Question d'équilibre.
Mais quand on les regarde on dit :
« Ils sont fous »
Déséquilibrés
Et pourtant !

Mitchell Zeidwig

Duo Manducas

Negrey

Presque un vitrail.
Un double Christ.
Bi.
Pour racheter les péchés du monde
L'orgueil, la paresse, la bassesse.
Ici, tout n'est
Qu'humilité, courage, élégance.
Ainsi soient-ils et elles.

Les
Farfadais

Allégorie :
Bouche close
Dents serrées
Il suffirait qu'il parle
Pour qu'elle lui échappe.
On parle toujours
Trop.
Et on les perd.

Parfois, au comptoir d'une bodega ;
Un ivrogne inculte et grossier m'aborde :
« Ta putain d'émission super. Tu vois,
Les contorsionnistes en doré, ben merde alors,
J'en ai chialé ! »
La vulgarité ne se soigne
Pas par le mépris.
Le beau ne s'assène pas.
Il s'impose de lui-même.

Trio
Laruss

Danguer
Troupe

Julius
Frack

Cocteau aurait aimé.
La belle et la bête.
Jaurès aurait aimé aussi.
Le fort peut très bien
Se retenir d'écraser le faible.
Question de dressage !

The
Kludskys

Vladimir

Traverser l'auréole.
Jongler avec des auréoles.
Saint Sébastien, alors ?
Faut quand même pas exagérer.
Et puis je n'aime pas le paradis.
Il arrive trop tard.

Anthony
Gatto

Ruslan
Fomenko

Les Étoiles du Cirque de Pékin Cirque Phénix

Anatoli
et Natalia

« Le plus grand cabaret du monde »
N'est pas une émission de télévision.
C'est un tableau.
Un anti-Warhol.
Un quart d'heure de non-célébrité.
On oublie leurs noms.
On ne garde que
La performance.

Starbugs

Un soir c'est sûr, le temps fermera le rideau.
Un dernier tour de cartes, un dernier triple saut.
Et je disparaîtrai, j'éteindrai les étoiles.
Mais j'emporterai tout dans le fond d'une malle
Un cerceau, un nez rouge, une robe à paillettes
Un trapèze, un oiseau, et quelques cordelettes
Des sourires, des frissons, et un petit bonhomme
Un chapeau, une épée, une flèche, une pomme.
Seul, au bord de scène, au milieu du décor.
J'entendrai les bravos, les musiques et les rires.
Je fermerai les yeux pour mieux me souvenir.
Je me dirai bravo sans fausse modestie.
Pas d'être le plus grand mais d'être encore petit
D'être resté celui que je m'étais promis.
Un clown, un baladin, un marchand de bonheur.
Avec un gros nez rouge dessiné sur le cœur.
Plus tard d'anciens enfants viendront me remercier
De les avoir émus et tout émerveillés.
Je n'ai pas de mérite, les géants c'étaient eux.
Moi je désirais juste éviter d'être vieux.
Le cadeau est pour moi, c'est sûrement le plus beau
Que m'ait fait cet écran qui brille tellement faux.
J'ai mené le bateau contre vents et marées
Les jaloux, les méchants et les parts de marché.
Sans jamais attenter à quelque dignité.
Sans aucun racolage, nous avons existé.
On a toujours le choix les orties ou les roses.
Merci d'avoir choisi sans qu'on ne vous l'impose
Le public est bien plus vigilant qu'on le dit
Et le mot de la fin sera pour lui : Merci.

THE
END
Kamyleon

« Le plus grand cabaret du monde »

remercie particulièrement
Michel Berda
Bernard Billis
Laurent Bongage
Nathalie Boutot
Véronique Cadet
Jean-Pierre Continsouzas
Françoise Contrand
Véronique Doumy
Gwenola Fougere
Bernard Gonner
Marie-Louise Guillot
Robert Jaffray
Brigitte Kido
Dani Lary et Caillou
Philippe Marfisi
Valérie Moisan (de chez Nao)
Monique Nakachian
Véronick Thil
Awa Traore

Merci aussi
à tous les intervenants
Dominique Amoros
Arno
Alain Barnasson
Loris Barnasson
Didier Bricot
Philippe Chapus
Amandio Decarvalho
Isabelle Delecluse
Brigitte Delouis
Nathalie Denise
Michel Dubois
Solène Evrard,
Grégory Ferrie
Claude Fromenteau
Jean-Michel Gendron
Georges Gonner
Alex Gorski
William Hamadache
Christian Harry
Miguel Hernando
Alain Hugon
Jean-François Janillon
Guy Kartagener
Gérald Larteau
Daniel Lhost
Jean-Michel Maillet
Fabrice Martin,
Julien Mediavilla
Gilles Quideau
Franck Richard
Alice Souverain
Gérard Thierry
Julien Toutain
Bruno Virgel
Jean-Pierre Wuillot
Jean-Claude Yersin

Textes : Patrick Sébastien

Crédits photos :
Couverture : © Bahi Abdelmalek/Angeli plat 4h et b ; © François Darminy plat 1m ; © Coadic Guirec/Angeli plat 1g et plat 4g ; © Alain Guizard/Angeli plat 1d.
© Bahi Abdelmalek/Angeli : 8-9, 12, 14-15, 16-17, 21, 22, 24-25, 26, 27, 30, 34, 36-37, 38, 39, 44, 45, 46h, 47, 48-49, 51h, 56-57, 58, 60b, 60h, 61h, 62-63, 64, 65, 68-69, 70, 71, 76, 78b, 78h, 80, 84, 86-87, 88, 89g, 90-91, 94, 95b, 96-97, 98, 99h, 100-101, 102hd, 102hg, 102b, 103b, 103h, 105, 109b, 110, 111, 112-113, 114b, 114h, 115, 116, 117, 118-119, 119h, 120-121, 124g, 125b, 125h, 131, 135b, 135h, 136-137, 138, 139, 140, 141, 142b, 142h, 143, 144, 145, 146-147, 148, 148-149, 150, 151b, 151h, 152, 153, 155, 159, 160, 161, 162-163, 164, 165, 166, 167b, 167h, 168, 172b, 172h, 173, 175h, 176-177, 178, 179, 180-181, 182b, 182h, 183, 184-185, 186-187, 188b, 189, 190b, 190h, 191, 193, 194-195, 196, 198h, 199, 202-203, 205, 208. © Daniel Angeli/Angeli : 20, 32-33, 35, 66, 83, 104h, 149, 157, 158.
© Angeli-Garcia/Angeli : 6-7, 42-43, 54h.
© Bahi-Cahuet/Angeli : 19, 174.
© Laurent Cahuet/Angeli : 99b, 104b.
© Frédéric Garcia/Angeli : 11, 124d, 169.
© Coadic Guirec/Angeli : 18, 23b, 28, 29, 40-41, 46b, 51b, 52-53, 54b, 55, 72, 73, 74b, 74h, 74m, 75, 81b, 81h, 85, 89d, 92-93, 95h, 106-107, 109h, 122, 123, 126-127, 128, 129, 130, 133, 170-171, 188h, 192, 197, 198b, 201b, 201h. © Alain Guizard/Angeli : 4, 79.
© Nikola Kis Derdeï : 200. © Lepresle-Guirec/Angeli : 31, 50, 67, 175b. © Vincent Lepresle/Angeli : 108, 156.
© Jean-Louis Macault/Angeli : 134.

Conception graphique et mise en pages :
Serge Bilous

N° d'édition : L.01EPMN000216.N001
ISBN : 978-2-0812-0925-1
Dépôt légal : octobre 2008
www.editions.flammarion.com

Achevé d'imprimer en août 2008 par Dedalo Offset (Espagne)

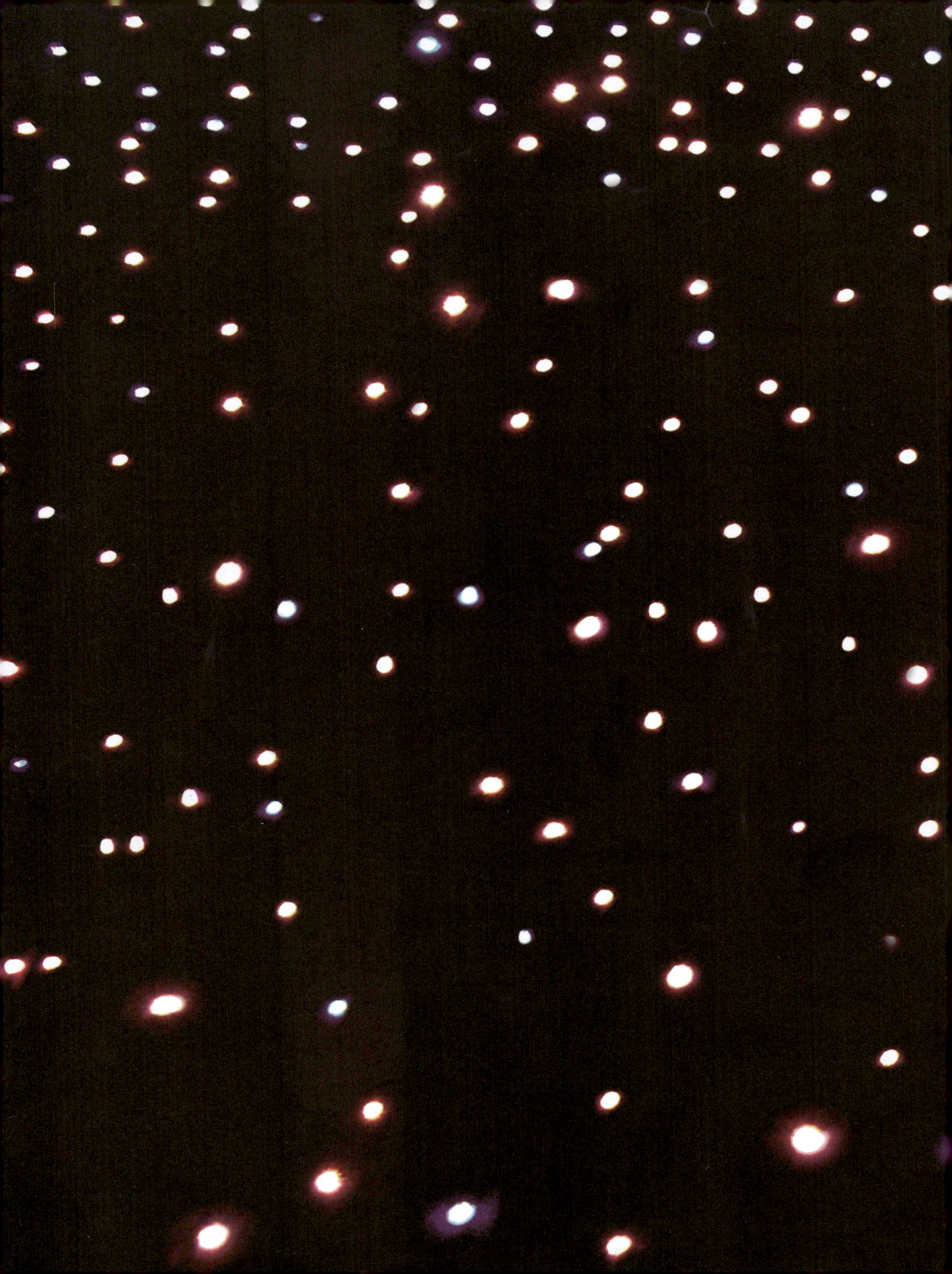